식물주민등록증

식물주민등록증

글·사진 김주영

심지

프롤로그

온실재배를 하지 않았는데도 포항 남구 이동의 야외주차장 옆 화단에선 바나나꽃이 피고 열매를 맺었다. 동빈내항 곧게 뻗은 종려나무도 이제 푸르게 서 있다. 2009년도에 아열대식물인 종려나무가 심어졌을 때는 추위를 견디지 못하고 말라 죽었지만, 뿌리를 내린 나무들은 겨울철 평균기온이 오르면서 살아가고 있다.

올해도 유례없는 더위가 지구를 에워쌀 것이란다. 북극의 빙하가 녹는 속도는 빨라지고 해수면의 높이와 온도상승으로 인한 자연재해는 해를 거듭할수록 더 자주, 더 강력하게 발생하는 것이 두려울 뿐이다.

온난화 현상으로 극지방의 생태계에도 많은 변화가 생겼다. 남극에선 얼음이 녹으면서 플랑크톤 수가 줄어들어 크릴의 개체 수가 감소했다는 소식이다. 새우와 닮은 크릴은 동물성 플랑크톤으로 해양생태계의 중요한 자원이다. 크릴 개체 수가 부족하다 보니 먹이사슬에도 영향을 미쳐 혹등고래, 남방긴수염고래, 물범, 펭귄들도 개체수가 줄었다. 하지만 개체수가 늘어나서 피해가 발생한 곳도 나타난다. 북극에 인접한 알래스카 지역에는 가문비나무들이 말라 죽었다. 높아진

기온에 가문비나무좀이라는 벌레 개체 수가 늘어났기 때문이다.

우리나라도 병충해에 관한 피해가 해마다 더 심각하게 늘어나고 있다. 한라산, 지리산, 백두대간에서도 가문비나무와 구상나무들이 점점 사라지고 있다. 한때 잠잠해진 소나무 재선충이 작년부터 다시 확산 중이라고 하니 소나무를 비롯한 고산지대 침엽수림의 피해는 기후변화의 실체적 위기감으로 다가온다. 오묘하게 연결된 자연환경에서 동, 식물의 서식지가 빠르게 변화하고 있음을 느낀다.

봄이 시작하는가 싶다가도 며칠째 더운 날씨다. 봄꽃들을 제대로 만나볼 겨를도 없이, 벌써 여름 날씨가 시작되었다. 올봄은 유난히 기온 차가 심했다. 대기가 불안정하고 강원 북부 산간지역에는 5월 중순임에도 대설주의보가 내려지기도 했다. 수확을 앞둔 두릅과 오가피, 봄나물의 냉해가 극심했다. 이상 기후 현상 앞에서 속수무책일 수밖에 없었을 것이다.

갑자기 더워진 날씨에 에어컨을 켠 채로 잠을 자서 목감기를 심하게 앓았다. 견디기 힘든 것이 어디 나 뿐일까. 꽃들도 개화 시기를 못 찾고 있다. 겨울이 지나면서 순서를 두고 피우던 꽃들은 이제 순서 없이 핀다. 폭죽이 터지듯 일제히 꽃망울을 터트리다가 또 어느 순간에 사라진다.

문득, 몇 해 전 꽃 사진을 찍으러 들렀던 기청산식물원의 식물들이 생각났다. 식물원에서 만났던 그들은 서식지가 옮겨져 바뀐 토양과 기후에서 살고 있었다. 스스로 생존력을 키우며 변화한 환경에 적응하는 모습은 무척이나 경이로웠다. 그때 만났던 그들은 모두 잘 지내고 있을까.

숲이
그리운
봄밤
불현듯
그들이
보고 싶다.

2024년 문소공에서
김주영

차례

프롤로그 • 005

PART 1 식물의 안부
지켜야 할 것들 • 012
꽃이 피는 시기 • 023
길을 찾아 • 026
모두가 산다 • 029
아열대 식물들과 마주하다 • 034
길을 묻다 • 044
소금기 있는 땅 • 047
감자꽃이 피고 지고 • 052
꽃을 보다 • 059
풀의 가치 • 074

PART 2 식물에게 배우는 시간
나무 • 082

입춘 • 083
라일락꽃 • 084
매화 • 086
봄과 꽃 • 087
꿩의밥 • 089
쑥떡 • 094
청포도 • 097
겨울, 이팝나무에게 말을 걸다 • 101

PART 3 나무의 안부
나무의 안부 • 106

에필로그 • 138
참고자료 • 143

part 1
식물의 안부

기청산식물원에서 만나는 생태민주주의 이야기
— 나무와 풀과 기후변화 그리고 우리

식물들 앞에서 나는 언제나 이방인이다.
나는 살아간다. 너의 생에 기대어 산다.
어제 죽었을지 모르는 시간 위에 머문다.

지켜야 할 것들

　식물은 알칼리성이든 산성이든 그 토양에 따라 서식지에 적응하며 다른 식물들과 경쟁하면서 진화해왔다. 하지만 스스로 삶의 터전을 옮길 수 없기에 조건이 맞지 않으면 종족을 보존하지 못하고 멸종이라는 위기를 맞는다.

　우리나라에서는 멸종위기종에 처한 야생 동, 식물을 법으로 보호하고 있다. 기본적으로 서식지(자생지)에서 보전하는 것이 가장 좋지만 서식지 내에서 보전이 어려운 야생 생물을 서식지 외에서 체계적으로 보전, 증식할 수 있도록 '서식지외보전기관'을 지정하여 관리한다. 서식지 파괴, 밀렵 등으로 사라지는 우리 고유의 많은 생명을 지키고 있다.

　기청산식물원은 2004년 3월에 우리나라에서 8번째 서식지외보전기관으로 지정되었다. 당시 기청산식물원이 보유하고 있던 멸종위기종 중 경상북도에 자생하는 10개 종에 대해 특별히 보전 임무를 부여받았다.

　서식지 훼손과 과도한 포획, 채취 등으로 인하여 멸종위기에 처한 식물의 현 생육상태나 개체 수, 위협요인 등을 꾸준히 관찰하여 서식지에서의 보전방안을 연구하고 있다. 노랑무늬붓꽃을 2006년도에 내연산 일대에 복원하였고, 섬현삼과 섬시호를 울릉도 지역에 복원하였다. 식물원을 산책하며 그리운 이름을 부르며 안부를 묻는다.

::연잎꿩의다리

작은 잎이 연잎을 닮았다. 식물 이름에서 '꿩의다리' 이름을 가진 식물 중 크기가 작다. 키가 작아 주변 식물과의 경쟁력이 약하지만 가늘고 긴 꽃대에 별빛이 쏟아져 내리는 듯한 꽃이 핀다. 꽃을 보고 있으면 빈 가슴에 꿈들이 환하게 반짝이며 핀다. 연잎꿩의다리는 약재로 쓰이는 삼지구엽초의 어린 모습과 비슷하여 약초로 채집되는 수난을 당하고 있다. 보기 힘든 꽃을 만나서 행복한 순간에 머물렀다.

::섬시호

날이 더워서 노란 꽃이 지고 있다. 하지만 그 자체가 꽃이 되어서 반겨준다. 줄기와 잎이 매끈한 모습은 섬시호의 매력이다. 섬시호는 울릉도에 인구가 늘어나고 건축물이 생겨나면서 자생지가 사라졌다. 멸종식물로 분류되었으나 2000년 국립수목원에서 어린 개체를 발견하였다. 그 후 기청산식물원은 서식지 환경을 조사하면서 2006년도에 새로운 자생지 2곳을 발견하는 성과도 올렸다.

섬시호

::파초일엽

파초일엽은 포자로 번식하는 고사릿과 식물이다. 제주도 섶섬의 파초일엽은 1962년 천연기념물 제18호로 지정되었지만, 1996년 환경부에서 "파초일엽이 자생지에서 멸종했다"라고 공식 발표하기도 했었다. 화훼식물로 가치가 있어 무분별하게 채취되어 멸종의 위기를 맞았으나 국립수목원에서 개체를 복원하였고 기청산식물원은 보존, 증식을 통해 멸종위기 식물의 개체 수를 지속해서 관리하고 있다.

파초일엽

::섬현삼

울릉도 일주도로 공사로 위험에 처한 섬현삼을 옮겨왔다. 꽃대 끝에 빨간 꽃이 핀다. 식물원은 울릉군 북면과 서면에 복원사업을 진행하였고 지속적인 관찰을 하고 있다.

섬현삼

::조름나물

고산지대의 연못이나 습지에서 자생하는 북방계 식물이다. 지역별 평균기온이 오르면서 점점 자생지가 사라지고 있다. 환경부에서는 멸종위기 II급 식물로 지정하였다. 어린잎은 나물로 먹었을 때 졸림 현상

조름나물

이 나타나 조름나물이라 부른다. 꽃대 끝에 흰 꽃이 피지만 볼 수 없었다.

"작은 관심을 기울이면 생태계 안에 즐거운 노랫소리가 가득할 것이고 따스한 눈길과 마음으로 식물들과 조화롭게 살 수 있다." 이삼우 원장님의 말씀을 듣는다.

기청산식물원은 생물 종의 다양성을 확보하는 데 큰 노력을 기울이고 있다. 꾸준한 서식지 환경조사를 통해 새로운 자생지를 발견하고

식물들의 생육환경과 생태적 특성을 파악하여 종의 관리 및 서식지 외 복원사업의 기초자료로 활용하고 있다. 더불어 증식과 복원, 증식 기술 개발 등의 다양한 사업을 진행하고 생태계의 교란이 인간의 삶에 미치는 영향에 관해서도 연구하고 있다.

멸종위기 식물들과 한국 토종 식물들이 함께 공존하는 기청산식물원

"어떤 꽃을 많이 피워야 진정 아름다운 것인가. 두말할 것 없이 우리 땅엔 우리 꽃이 만발하게 해야 한다. 꽃은 단순히 이 세상을 아름답게 하려고 피어나는 것이 아니라 처절한 생존경쟁의 한 과정이요, 세상을 조화롭게 하려는 신의 섭리일 것이다. 식물들의 삶과 우리 인

간들의 삶이 서로 상생(相生)할 때도 있고, 그 반대일 수도 있다. 반드시 그들과 상생해야만 지속 가능한 우리의 삶이 계속된다."

이삼우 원장님은 우리 땅이 외래식물로 뒤덮여가는 것이 너무나 안타까워 우리 풀꽃을 가꾸는 일을 당신 생에 가장 큰 가치로 두셨다고 한다.

21세기에 들어와서는 수만 종이 사라지고 있다고 한다. 산업혁명 이후 200년간 20여 종 정도가 사라진 것과 비유해보면 심각한 위기 상황이다.

식물은 그들만의 생존전략으로 수천만 년 또는 수억 년을 살아왔더라도 급격히 변화하는 기후에 빠르게 진화하지 못하고 멸종이라는 최악의 상황과 직면하고 있다. 한 종이 사라지면 그 종이 자리한 생태계가 사라지고 그 종과 연관된 종들도 연쇄적으로 영향을 미칠 것이다.

인간은 자연을 떠나 살 수 없다. 우리는 선조들이 지켜온 터전 위에서 자연의 혜택을 누리며 살아간다. 그리고 다음 세대에게 잘 넘겨줘야 한다. 지금 우리는 그러한 삶을 살고 있는가. 자연의 생명체들과 더불어 살아가는 우리는 그들을 보호하고 관심을 가져야 한다. 관심을 가지는 것은 선택이 아니라 숙명이다. 우리의 관심이 우리가 지금까지 파괴해온 자연생태계를 복원하고 지키는 작은 씨앗이 될 것이다.

::자주초롱꽃

어여쁜 종 같기도 하고 작은 등불을 켜둔 것 같기도 하다. 자주초롱꽃은 백두산에서 씨를 받아서 식물원에 심었다고 한다. 씨와 뿌리로 번식하는데 척박한 땅에서도 잘 자라 자주초롱꽃은 식물원의 상징화로 사랑받고 있다. 봄 날씨가 더워서 꽃이 일찍 피었다가 졌지만, 그늘진 곳에 사는 꽃들이 피기 시작해 만날 수 있었다.

자주초롱꽃

금강산에서 씨를 받아온 금강초롱꽃은 삼 년 정도 꽃피우다 이제는 사라졌다. 이름표만 남은 곳을 바라보다 식물이 살 수 없으면 사람도 살 수 없다는 생각을 한다. 주변을 둘러보며 그곳에 살아가는 식물들을 바라보았다. 며칠 더워서 누렇게 말라버린 잎도 보인다. 추상화 속에 한 획의 붓끝이 해석되듯 모든 생이 아리게 스며든다. 팻말만 남은 이름표에 내 이름도 겹쳐서 보인다.

"식물 하나쯤 없어진다 한들 큰 문제가 되겠냐 하는 생각은 결국 멸종이라는 상황을 맞이할 수 있다." 하신 기청산식물원 이삼우 원장님의 말씀을 공감하며 다시 꽃을 본다. 그들의 거룩한 생을 본다.

꽃이 피는 시기

"절기상 낮과 밤의 길이가 같은 춘분에 강원도 산간지방에 폭설이 내려 동해안 지역이 가뭄 해갈과 산불 예방에 큰 도움이 되었습니다."

"비가 내린 지난 15일 낮 최고 기온은 28도였으나 내일은 날씨가 맑아 낮 최고 기온은 30도, 아침 최저 기온은 17도를 예상합니다."

"5월 16일 새벽 지리산에 눈이 내려 중봉, 천왕봉 등에 상고대가 생기고 등산로의 철쭉꽃망울에는 눈이 쌓였습니다."

올해는 유난히 일기예보에 관심을 가진 봄이다. 겨울이 끝나갈 때쯤 날이 풀려 옷을 가볍게 입고 외출했다가 오후에 급격히 온도가 내려가 고생한 날도 있었다. 5월 중순, 포항의 한낮 기온은 30도인데 지리산에는 눈이 내렸다. 어느 날엔 아침에 쌀쌀해서 두꺼운 옷을 입고 출근했다가 낮에는 갑자기 한여름 날씨가 되어 난감하기도 했다.

사진 작업을 하면서 계절의 변화에 민감해졌다. 철 따라 피는 꽃과 식물들의 정보를 참고해서 사진을 찍으러 갔다. 계절마다 다른 매력을 가진 풍경들은 언제나 좋은 소재다. 하지만 요즘 봄에 피는 꽃들은 개화 시기를 종종 놓친다. 봄꽃을 찍으러 갔다가 여름에 피는 꽃을 만나기도 한다.

"노루오줌이 꽃 피었네!"

반갑게 인사를 나누고 보라색 꽃이 핀 모습을 사진에 담았다. 그런데 노루오줌이 아니었다. 식물의 이름표를 다시 확인해 보니 '나무꽃향유'다. 내가 아는 짧은 지식으로 나무꽃향유는 가을꽃이다. 그래서 식물도감을 다시 찾아보았다. 기청산식물원 부설 한국생태조경연구소에서 2001년 발행한 『우리 꽃 참 좋을씨고』에는 노루오줌은 여름꽃으로 나무꽃향유는 가을꽃으로 분류가 되어 있다. '꽃은 9월~10월에 피고 자주색이다.'라고 나무꽃향유를 설명한다.

5월 날씨가 여름처럼 더웠다가 또 평년기온 찾아 기온이 내려가고 했으니 나무꽃향유가 가을이 왔다고 생각했을까. 식물들은 오래전부터 전해진 유전자 속 자신들의 삶의 방식으로 꽃을 피운다. 식물의 이름과 특성을 익히려고 참고하는 식물도감 속 식물들의 현재가 궁금해졌다. 그들은 지금 어느 계절에 꽃을 피우고 있을까. 어쩌면 식물도감 또한 달라진 생태환경 변화에 맞추어 새롭게 만들어져야 하는 건 아닐까. 지구의 한 귀퉁이에서 기후변화가 새삼 크게 느껴지는 날이다.

나무꽃향유

노루오줌

길을 찾아

    소나무는 온몸을 뒤로 젖히며 하늘을 향해 자라고 있다.

    "이 소나무가 내겐 효녀 소나무야. 이 모양을 좀 봐. 김연아 선수 스케이팅하는 모습과 닮아서 내가 '연아송'이라고 이름을 지어줬지, 그 후 관람객들에게 많은 사랑을 받고 있어."

    이삼우 원장님은 식물원을 운영하며 소나무를 심어 키우셨는데 그 중 '연아송'만 성장이 더뎌서 팔리지 않았다고 한다. 직원들은 이 소나무를 베어내고 다른 수종을 심자고 했지만, 한 번 심은 나무를 쉽게 없앨 수가 없어 나무가 잘 자랄 수 있게 신경을 쓰셨다고 한다. 그 후 몇 년 동안 꾸준하게 관심을 가지고 보살폈더니 옆으로 누워있던 나무가 점점 하늘로 향해 자랐다.

    김연아 선수가 2006년 러시아 상트페테르부르크에서 열린 국제빙상연맹 피겨스케이팅 시니어 그랑프리 대회에서 우승한 전날 밤, 식물원에 눈이 내렸다. 그날 소나무에 눈이 덮인 모습이 은반 위의 김연아 선수와 닮아 그때부터 '연아송'으로 불렀고 식물원의 보배가 되었다.

은반 위의 김연아 선수와 닮아 그때부터 '연아송'으로 불렀다.

산에 가면 말라 죽은 소나무를 볼 수 있다. 소나무 재선충에 한 그루만 감염이 되어도 주변의 나무들은 물론 숲 전체가 피해 본다. 소나무숲이 파괴되는 산림재난이다. 산림청에서는 1988년 부산에서 처음 발생한 이래 지금까지 약 1,500만 그루의 소나무 피해목이 확인되었고 2023년부터 다시 확산하고 있다고 한다.

소나무 재선충은 가느다란 실같이 생긴 선충이다. 크기도 0.1cm 내외로 아주 작다. 이른 봄, 매개충이 소나무의 어린 순을 먹을 때 생기는 상처는 재선충의 이동 통로가 된다. 솔수염하늘소, 북방수염하늘소 등의 매개충의 몸에 서식하다 소나무에 침입하여 수분과 양분이 지나는 물관에서 증식한다. 요즘 우리나라의 겨울 날씨가 춥지 않아서 매개충의 유충 개체 수가 늘어나고 소나무의 피해도 점점 늘어나고 있다.

산림청은 재선충 매개충 방역을 위해 지역별 특별 방제를 진행하고 있다. 포항지역도 감염된 지역의 특성을 연구해 '맞춤형 방제전략'으로 재난에 대응하고 있다. 소나무를 살리기 위해 약제를 살포하면 주변의 식물들은 또 다른 피해를 볼 수 있지만, 친환경 방제 기술 연구가 진행된다니 그나마 다행이라는 생각이 든다.

식물원에는 다양한 종들이 모여 살기에 재선충의 피해를 입지 않게 더 많은 신경을 쓰고 계신다. 키 크고 쭉쭉 하늘로 뻗은 소나무들 옆에서 천천히 느리지만 한 뼘 또 한 뼘 햇볕을 찾아 몸을 낮추어 스스로 새로운 길을 찾은 '연아송'. 자신의 길을 찾아가는 나무를 보며 식물과 공존하며 살아야 하는 삶의 길에 대해 생각해본다.

'식물은 생명의 근원이다.'

모두가 산다

"잎이 좀 이상해요."
"지금 아픈 거야. 치료하려고 비눗물을 뿌려두었지."
"비눗물을요?"
"면충(綿蟲) 구제에 적용시켰다오."

　내륙 고산지역에 분포하는 산마늘에 비해 울릉산마늘은 잎이 크고 여름철 고온에 비교적 잘 적응하는 특성이 있다. 그런데 초록색으로 자라야 할 잎과 줄기가 누렇게 변해있다. 봄이 지나면서 말라 죽는 피해가 식물원의 울릉산마늘에도 발병하였다.

　울릉도에서 매년 그 피해가 늘어나서 2019년부터 농업기술원에서 그 원인을 연구하였다고 한다. 원인은 토양성 곰팡이에 의한 균핵병과 흰비단병의 피해로 밝혀졌다. 겨울철 평균기온이 올라가서 흙 속의 병원성 세균들의 개체 수가 늘어났기 때문이다. 여러해살이 식물인 울릉산마늘의 재배 특성상 한자리에서 5년 또는 6년을 재배한다. 발병된 토양에는 병원균의 밀도가 높게 나타났다고 한다. 흰비단병에 감염되면 줄기가 시든다. 땅과 맞닿아 물러진 잎과 줄기에 흰색 거미줄 같은 가는 실들이 넓게 퍼진다. 흰색 곰팡이실에 덮인 식물의 잎은 색이 변하고 뿌리도 썩어서 결국은 죽게 된다. 균핵병도 흰비단병과 증상이 비슷하다.

겨울이 따뜻해져 파잎벌레, 작은뿌리파리, 굼벵이류의 피해도 늘어난다. 파잎벌레는 잎, 줄기, 꽃에 피해를 주는데 봄부터 유충이 나타나 잎을 갉아 먹고 가을에 산란하여 다음 해에는 더 많은 개체 수들이 울릉산마늘을 공격한다.

1991년부터 2020년까지 분석한 기상청 지역별 기후자료를 살펴보면 12월에서 1월 평년 평균기온은 2.9℃이다. 따뜻한 겨울이다. 성충이 낳은 알들이 추위에 얼지 않고 다음 해 봄까지 살아서 유충이 되기 좋은 온도이다. 기후상승으로 유충들의 생육조건은 좋아졌지만, 울릉산마늘은 고난의 시작이었다. 병충해에 강한 작물이라 농약을 쓰지 않았지만, 뿌리까지 피해를 보다 보니 이제는 그럴 수도 없는 환경이다.

식물원에서는 농약사용으로 빠른 효과를 볼 수 없는 상황이라 친환경 방제 연구에 노력을 기울이고 있다. 병충해를 입으면 식물들은 잎이 마르기도 하고 심지어 뿌리가 말라 죽으면 인접한 종들까지 피해를 본다. 다양한 식물들이 함께 살아가기에 유익한 미생물들은 보호하면서 병충해도 막고 식물을 살릴 수 있는 치료제를 찾다가 비눗물의 효과를 경험하여 울릉산마늘에도 적용해 관찰하고 있다고 한다.

울릉산마늘은 명이나물로 익숙한 음식이다. 조선 시대 울릉도로 이주한 주민들이 겨울에 뱃길이 끊어지고 식량이 떨어졌을 때 눈 속에서 자라는 식물을 먹고 살았다. 목숨을 이어준 식물이라고 울릉산마늘을 '명이'라고도 불렀다고 한다. 뿌려둔 비눗물이 효과가 있어서 병충해로부터 자신을 지켜내고 자신을 위한 '명이'가 되었으면 한다.

그늘에서 사진을 찍는데도 숨이 막힌다. 날씨는 울릉산마늘이든, 나든, 누구든 모두가 살아야 하는 이곳의 내일까지 태워버릴 듯이, 말 그대로 불볕더위다.

울릉산마늘

아열대 식물들과 마주하다

풍향수가 군락을 이루며 다양한 상록활엽수들과 자라고 있다. 포항은 지리적으로 겨울 해풍이 강해 상록활엽수와 아열대 수종의 생육 관리가 어려웠다고 한다. 하지만 매서운 북서풍을 막아주는 대숲을 조성하였고 또 세월이 지나 주변 수목이 성장하면서 바람막이가 되어주었다.

잎 넓은 나뭇잎 사이로 불어오는 바람이 살갑다. 무더위를 잠시 피해 초록이 무성한 곳을 찾아오니 신비로운 숲의 정원에 초대를 받은 것만 같다. 상록활엽수들이 우거진 숲이 더 시원하게 느껴지는 것은 광합성작용 덕분이다. 식물의 뿌리에서 흡수된 물은 줄기와 가지, 잎에 수분을 공급해주며 광합성을 통해 양분을 만든다. 그런 과정에서 잎의 기공을 통해 산소가 나온다. 상록활엽수의 잎이 크고 넓으니 다른 나무 그늘보다 더 시원함을 느끼는 것이다.

'풍향수'의 시원하고 풋풋한 향이 코끝에 살짝 느껴지며 눈이 맑아진다.

풍향수

::풍향수

톱니 모양의 가장자리에 다섯 갈래로 갈라진 잎은 손바닥 모양을 닮았다. 풍향수 나무를 올려다보니 잎 사이사이에 열매가 달려있다. 열매를 감싸고 있는 껍질은 가시처럼 보이는데 가을이 되면 밤송이처럼 된다. 익은 열매는 한약재로도 쓰인다.

경북지역이 지난해 우리나라 기후관측 이래 최고로 더운 해로 기록되었다. 포항도 예외일 수 없다. 2022년도에는 월평균 기온 10도를 기록한 달이 8개월이었다. 이러한 환경은 아열대 기후로 분류될 수

죽순

있는 조건을 갖춘 셈이다. 포항시에서 제공하는 지역의 기후변화표를 살펴보면 2015년도 9.3도였던 최저 연평균 날씨가 2021년도엔 12.6도이다. 3.3도가 높아졌다. 지역의 최저 연평균 온도 상승은 아열대 식물들이 잘 자라는 환경이 되었다. 날씨의 변화는 먹거리와도 연결이 된다. 지역에서 생산되는 농작물에도 변화가 생겼다. 제주에서 생산되던 한라봉이 경주, 포항에서 자란다. 열대과일을 재배하는 농가들도 늘어나고 바나나도 포항산이 출하된다.

흥해 안뜰에도 변화가 시작되었다. 거대한 비닐하우스들이 하나둘 들어섰다. 곡강천 주변의 흥해 안뜰은 유명한 포항의 곡창지대였다.

파초(멀리서 보면 바나나 나무와 닮았다.)

하지만 벼농사를 짓던 분들이 이제는 아열대 작물들을 키운다. 어릴 적 추억이 있는 감자밭은 블루베리밭으로 바뀌어 있었다. 수입산이 아닌 청정 블루베리를 먹을 수 있다지만 옛 추억은 커다란 비닐하우스 아래에 묻혀버렸다.

수입 과일은 유통과정에서 신선도를 유지하기 위해 약품처리가 필요하다. 약품처리와 통관으로 인해 신선하지 않는 열대과일이 아니라 우리지역에서 자라는 신선한 열대과일. 몸에 좋은 것을 먹을 수 있다는 즐거운 생각보다 연평균 온도 상승이 지금에서 멈추지 않는다면 우리의 미래 먹거리는 어떻게 될까 두려워진다.

블루베리

생산이 끝난 바나나는 밑둥을 잘라준다.
새로 난 순이 자라서 다시 바나나꽃을 피운다.

흥해 안뜰에 들어온 바나나와 한라봉 농장

메타세쿼이아와 낙우송은 비슷비슷하게 보이지만 나뭇가지를 보면 다르다. 메타세쿼이아의 가지는 위로 자라고 낙우송 가지는 옆으로 자란다.

메타세쿼이아

낙우송

처음 식물원을 만들 때 이웃에서 빨래터 근처에 그늘을 만들어 줄 나무를 심어 달라고 부탁해서 심은 나무가 낙우송이었다고 한다. 세 그루 낙우송 중에서 위쪽에 있는 나무의 공기 뿌리가 많이 보인다. 물길 가까이서 자란 나무는 더 많은 호흡을 하기 위해 뿌리를 세상 밖으로 뻗은 것이다.

낙우송의 공기뿌리

길을 묻다

　식물원 양치식물 구역은 마치 태초의 자연을 보는 듯하다. 습하고 더운 날씨에도 식물들은 나날이 짙은 녹색을 더한다. 나뭇잎 화석에서 본 듯한 무늬의 잎들이 숲을 이루고 있다. 3억 6,000만 년 전 고생대 석탄기에 나타난 양치식물은 현재 1만 2,000여 종 정도이며 우리나라에는 고비와 울릉고사리 등 350여 종이 있다.

　15세기 전순의가 쓴 요리책이자 농업책인 『산가요록(山家要錄)』에 고사리를 나물로 먹었다는 기록이 있다. 고사리는 마그네슘, 철분, 칼륨 등의 무기질 영양소와 식이섬유가 풍부한 저열량 식재료다. 주로 3월과 5월 사이에 채취한 어린 순을 먹는다. 하지만 겨울이 지나고 새순이 돋더라도 초식동물들은 고사리를 먹지 않는다. 어린 순에 시안(CN)이라는 독성이 있기 때문이다. 날씨가 따뜻해지고 고사리가 성장을 거듭하면서 독성의 농도는 낮아지지만 대신 떫은맛이 강화된다. 탄닌(TANNIN) 성분이 증가하기 때문인데 이는 초식동물로부터 자신을 지켜 살아남으려는 고사리만의 생존전략인 셈이다.

　봄에 채취한 어린 고사리는 데쳐 햇빛에 말렸다가 다시 물에 불리고 삶아서 떫은맛을 우려내야 먹기 좋은 나물이 된다. 독성이 있는 식물들이 다양한 요리방법으로 먹을 수 있는 식품이 된 것이 어디 고사리뿐이랴.

   날이 더워져서 고사리 채취 기간도 짧아졌다고 한다. 비 그치고 식물원을 산책하니 습도가 높아 답답하지만, 시원한 빛깔의 초록색 잎들은 아이러니하게도 위안이 된다. 고사리는 꽃이 피지 않고 포자(胞子)로 번식한다. 우리말로 포자(胞子)를 홀씨라고 부르는데 홀로 번식이 가능한 씨앗을 만들어낸다는 뜻을 담고 있다. 우리나라에서는 적당히 습하고 양지바르며 비교적 건조한 지역에서 자생한다. 추운 지역에서는 홀씨 번식이 어렵고 온대림보다 열대우림에서 잘 자라고 주로 장마 기간에 수정한다.

고사리

무더위를 피해 온 숲에서 자신만의 방식으로 살아가는 그들을 본다. 우리가 사용하는 석탄 대부분은 땅속 양치식물이 오랜 기간을 거쳐 탄화된 것이다. 고사리 조상들이 물려준 유산으로 산업은 발전하였다. 화석연료의 과도한 사용으로 지구의 온도가 높아지고 있는 지금, 이 순간을 그들은 어떻게 생각할까.

여러 갈래로 갈라진 잎 끝에 물방울이 모여서 땅으로 떨어진다. 고사리 잎이 뾰족한 것도 물을 모아서 잘 흘려보내기 위한 그들만의 삶의 방식이리라.

빗물에 뒤집힌 고사리 잎 뒷면을 볼 수 있었다. 잎의 뒷면에는 갈색의 홀씨주머니가 빼곡히 달려있다. 누구에게나 삶의 뒷면은 저렇게 헤아릴 수 없는 홀씨주머니들이 빼곡히 달려 있는 모습일 것이다. 무수한 홀씨주머니가 참으로 귀하고 아름답다. 잎끝에 맺힌 빗물들이 꽃빛보다 더 고운 빛으로 흐르고 있다.

고사리 포자

소금기 있는 땅

　해변식물을 염생식물이라고도 한다. '바닷가의 소금기 있는 토양에서 잘 자라는 식물 또는 갯가 식물'이다.
　기후변화의 위기에 직면하면서 바닷가나 소금성분이 있는 땅에서 자라는 염생식물의 연구가 이어지고 있다.
　염생식물이 사는 땅과 물에는 염분 농도가 높다. 그곳에 사는 식물들은 스스로 염분 농도를 조절할 수 있어 식물 체내 염저항성이 높게 나타난다. 뿌리에서 흡수한 염분성분을 다시 뿌리를 통해 몸 밖으로 내보내고 필요한 물과 양분만 이동시키는 능력이 그들에게 있다.
　강수량이 적어지고 건조한 날씨가 지속하는 곳에는 수분의 자연증발로 사막화 현상이 나타난다. 땅이 황폐해지면 토양에 염분 농도가 높아져 염분 저항성이 약한 식물들은 말라 죽는다. 식물의 체내 염도보다 외부 염도가 높으면 식물은 체내의 물을 보호하기 위해 뿌리로 물을 흡수하지 않기 때문이다. 물을 공급받지 않으면 식물은 이산화탄소의 흡수도 멈추고 광합성도 하지 않는다. 식물이 사라진 땅에는 생명이 살 수 없다. 사막화가 진행되면 이산화탄소의 농도는 짙어질 것이고 두꺼워진 오존층으로 온실효과는 더 심각하게 진행될 것이다.

　염저항성에 대한 염생식물의 연구는 사막화되는 토양 연구의 중요한 자원이 될 것이다. 염생식물의 삶에서 사막화되어가는 지구환경을 구할 해답을 찾을 수 있을까. 바닷가 생태계의 종들을 보전하고 연구하는 해변식물원의 식물들은 귀한 보물이다. 포항의 바닷바람에서 살아가는 그들의 이름을 불러본다.

::모감주나무

모감주나무 꽃이 환하게 피었다. 벌들은 꽃에 이착륙하느라 분주하다. 웡, 웡 벌들의 날갯짓 선율은 지금까지 들어보지 못한 음악이다. 해안가나 척박한 곳에서도 잘 자라는 모감주나무 꽃은 꿀이 많아 벌에게 좋은 밀원식물이다. 벌은 꽃을 찾고 꽃은 벌을 기다린다.

모감주나무

::갯패랭이꽃

갯에는 바다가 담겼다. 갯가는 바닷물이 드나는 물가이다. 갯패랭이는 건조한 곳이나 물이 잘 빠지는 모래땅에서 자라는 여러해살이 식물이다. 무리를 지어 핀 꽃을 보며 더불어 살아가는 삶을 생각해본다.

::좁은잎해란초

식물도감에 기록된 개화 시기는 9월부터이지만 7월에 꽃을 만났다.

::순비기나무

초록 짙은 잎으로 내민 손을 본다.

희망이다. 절망 끝에서 길을 찾는다.

::해당화

해풍의 붉은 손짓은 생명을 품는 일이다. 꽃 지면 달이 머문 듯 붉은 열매가 달린다. 해당화와 생열귀나무는 꽃과 잎으로는 구별이 쉽지 않다. 꽃이 지고 열매가 맺히면 그때야 쉽게 구별을 한다. 해당화 열매는 둥글고 생열귀나무 열매는 길쭉한 모양이다.

해당화 생열귀나무

감자꽃이 피고 지고

 이웃집에서 씨알이 채 굵기도 전에 잎이 말라버려 일찍 수확했다며 감자를 들고 왔다. 작더라도 반찬이나 해 먹으란다. 더위가 빨리 찾아오니 감자 수확 시기도 예전보다 한 달 정도 빨라진 것 같다. 어린 날 여름방학 때 감자를 캤던 기억이 있다. 방학이 시작되면 큰어머니는 동생과 나를 부르셨다.
 "니들 먹고 싶은 만큼 뽑아서 가져가."
 감자 줄기를 잡아당기면 땅속에서 올망졸망한 각기 다른 굵기의 감자들이 줄기에 달려 나왔다. 작은 것은 더 키워서 뽑겠다고 동생이 다시 심을라치면 날 더워지면 더 자라지 않으니 얼른 뽑아야 한다고 말씀하셨다. 밭고랑에서 감자꽃처럼 웃으시던 큰어머니 기억이 난다.

 이삼우 원장님이 식물원을 돌아보는 시간에 도착하여 동행했다. 산책로 들어가기 전 안내해 준 곳에는 작은 화로가 있고 주전자에는 감태차가 우려지고 있다. 차 한 잔을 건네주신다. 더운 날 마시는 따뜻한 차 맛이 묘하게 달다. 불씨를 뒤적이며 구운 감자를 골라내다 시 한 편 들려주신다.

감자꽃

굴뚝

윤동주

산골짜기 오막살이 낮은 굴뚝엔
몽긔, 몽긔 웬 내굴 대낮에 솟나,

감자를 굽는 게지, 총각 애들이
깜박깜박 검은 눈이 모여 앉아서
입술이 꺼멓게 숯을 바르고
옛이야기 한 커리에 감자 하나씩.

산꼴짜기 오막살이 낮은 굴뚝엔
살랑살랑 솟아나네 감자 굽는 내.

*'몽긔,몽긔'는 몽기몽기. '내굴'은 '연기굴'의 함경도 사투리.

구운 감자를 건네주시며 식물원의 이름에 관한 이야기도 들려주신다.
"감자가 구황작물인 거 알지? 내가 이곳에서 식물원을 시작할 때는 먹고 살기도 힘든 시절이었지. 하지만 나는 나무를 심어야 미래가 있다고 확신을 했어. 식물 세계를 잘 가꿔야 집단이나 국가가 더 융성할 수 있다는 걸 식물들을 공부하면서 깨달았어. 참나무 숲이 무성하면 지역이나 국가의 문물이 전성기를 이룬다고 생각해. 기청산에서 '기'라는 글자의 한문이 뭔지 아는가? 곡식이나 콩 같은 것을 까불러 쭉정이를 골라낼 때 쓰는 농기구에 키[箕]라는 것이 있지, 기청산식물원은 기(箕)와 청산(靑山)으로 이름을 지었어. 좋은 곡식만 골라내듯 자연과 조화롭게 가꾸어 식물의 세계로 아름다운 무릉도원을 만들고 싶었지."

구황작물이던 시절에는 식량을 대체한 식품이었지만 혈당을 조절하는 천연인슐린 성분이 들어있어 요즘은 건강식으로 많이 먹는다. 열에 강한 감자 비타민에 관해 이야기하시다 부추, 고구마, 양파, 감자가 심어진 곳에서 멈추신다.

"식물원에 왜 이런 것을 심어놨는지 아는가? 아이들에게 감자, 고구마가 어떻게 자라는지 보여주고 싶었지. 꽃도 보여주고 싶었고 잎이 커가는 과정을 보며 땅 밑에 감자가 굵어지는 것도 상상하게 하고 싶었거든. 그래서 여기에 심어놨지."

이곳은 생활 속에서 익숙한 식물들을 서로 비교해가며 배울 수 있다. 식물원은 경사가 없는 평지로 되어 있어 어린아이들의 방문이 많고 자연체험학습장으로 활용되고 있다.

부추꽃

얼마 전 기북에 있는 토종 씨앗을 연구하는 농장에서 있었던 일이다. 가지 끝에 열매가 달린 것을 보았다. 방울토마토인가 했는데 감자 꽃이 지고 열매가 달린 것이라 설명해주셨다. 감자 열매를 채취하기 위해 키우고 계신다고 하셨다. 감자는 가지과 식물이다. 꽃이 지면 열매가 달리는 것은 당연하지만 굵은 감자를 수확하기 위해 꽃을 따버리기에 감자 열매를 볼 수 없다고 한다.

감자 열매는 독성이 강해서 먹을 수 없다. 토마토와 가지도 같은 가지과 식물이지만 독성이 없어 열매를 먹게 되었고 우리가 먹는 감자는 줄기의 덩이를 먹는 것이다. 감자가 성장하면서 광합성을 통해 얻은

감자열매

에너지를 땅속 줄기에 덩이로 저장하고 우리는 그것을 감자로 먹는다.

  감자 열매를 심으면 감자가 될까요 하고 질문을 하니 수확성이 떨어져서 그 방법으로 재배하지 않는다고 한다. 우리가 먹는 감자 그러니까 줄기의 덩이를 나눠서 심는 것이다.

  날씨가 더워져서 감자 수확량도 예전과 다르다고 한다. 우리나라 생산량의 대부분을 차지하는 '수미감자'가 고온 현상으로 수확량이 줄었기에 농촌진흥청에서는 기후위기에 대응하는 감자를 연구해 보급하고 있다. 식물의 유전자변형을 통한 생산량 늘리기는 우리 농업에도 피해 갈 수 없는 현실이 되었다.

유전자변형식물은 생태계의 변화와 토종 씨앗의 멸종을 경고한다. 오랫동안 그 지역의 환경에 잘 적응한 식물은 중요한 자원이다. 이상기후로 인한 기후위기 속에서 지역 풍토에 맞게 자란 토종작물의 중요성이 커지고 있다. 변형된 식물이 사람들에게 해가 없다는 주장도 있지만, 토종 씨앗에 관한 지속적인 연구가 필요하다. 감자 열매를 사진에 담으며 토종 씨앗을 지키는 일이 얼마나 중요한가에 대해 생각한다.

꽃을 보다

봄이 채 끝나기도 전에 여름꽃들과 마주한다.

며칠 전 보았던 꽃망울이 피었으리라 기대했지만 이미 지고 있다.

비 오기 전에 꽃을 모두 피워야 했을까. 장마를 앞두고 식물들도 분주하다.

섬개야광나무는 열매를 품고 있고 삼백초 잎이 바람에 흔들리며 꽃처럼 보인다.

그들의 거룩한 생 앞에서 배우는 시간이다.

장마철 집중호우의 피해는 해마다 전년도 보다 더 심해지고 있다.

올해는 부디 무사히 지나갈 수 있으려나.

나의 걱정을 식물들에게 하소연한다.

기청산식물원 식물들의 이름에 섬으로 시작하는 식물들은 자생지가 울릉도이다. 이곳에서는 울릉도의 다양한 식물들을 한데 모아서 관리하고 있다. 멸종위기종 식물들도 만날 수 있어 더 애정이 가는 곳이다.

눈개승마

울릉식물 관찰원은 섬을 축소한 모습으로 꾸며졌다. 자연석으로 독도를 연출하였고 독도에서 직접 씨앗을 채집하여 번식시킨 식물들이 자라고 있다.

::섬개야광나무

섬개야광나무의 자생지는 절벽에 집중적으로 분포되어 있어 자연재해의 위협을 받고 있다. 강풍이나 폭우 등으로 산사태가 발생해 서식지가 훼손되고 자체 번식이 거의 이루어지지 않고 있었다. 기청산식물원은 울릉도 전체 자생지를 조사하고 자생지 보전을 위한 다양한 방법을 연구하고 있다. 종자 및 꺾꽂이에 의한 번식방법을 연구해 멸종위기 야생식물을 지키고 있다.

::섬기린초

줄기 밑부분 30cm 정도가 겨울에 살아 있다가 다음 해 봄이 되면 새순을 키운다. 야외에서도 월동할 수 있고 생명력이 강한 야생화이다.

줄기는 옆으로 비스듬히 뻗으며, 잎은 마주나고 가장자리에 둔한 톱니가 있다. 줄기 끝에 노란색의 꽃이 피고 크기가 작다.

::섬광대수염

울릉도에서만 자생하는 고유식물이다.

::섬백리향

바위 곁에서 자라는 반 덩굴 식물이다. 건조하고 햇볕이 잘 들고 배수가 잘되는 곳에서 자란다. 가지가 많이 갈라지고 옆으로 퍼지며 자란다. 향기가 좋아서 허브 식물로도 많이 알려졌다.

::섬바디

그늘진 곳에서 잘 자란다. 따뜻한 곳에서는 겨울에도 녹색 잎을 볼 수 있다.

::섬초롱꽃

더위가 빨리 찾아와서 섬초롱꽃은 지고 있었다. 그래도 운 좋게 가지 끝에 종처럼 달린 꽃을 사진에 몇 장 담았다. 씨나 땅속 줄기로 번식하고 배수가 잘되는 양지에 심어야 한다. 꽃이 진 후에는 꽃대를 잘라주고 영양분을 충분히 주면 다시 잎이 무성해진다. '기도, 천사, 충실, 정의, 소원' 등 꽃말도 다양하다.

자생식물수집 전시원은 갑자기 더워진 날에 우산나물꽃이 지고 원추리류들도 꽃이 지고 있다. 우리나라는 사계절이 있어 자생식물만 4,000여 종을 보유하고 있다. 울릉도 섬말나리의 유전자는 네덜란드 백합 연구에 중요한 유전자가 되었다고 한다. 기청산식물원은 우리 자생식물의 가치를 찾고 그 우수성을 널리 알리고 있다.

::우산나물

그늘에서 자라는 여러해살이식물이다. 봄에 싹이 날 때는 접혀 있다가 점차 우산 모양으로 펼쳐진다.

::왕원추리

주황색 꽃을 피우며 여러해살이식물이다. 훤초(萱草)라고 부르는데, 옛날에 안주인이 사는 처소에 원추리를 많이 심었다. 원추리 뿌리는 녹말 성분이 많이 함유되어 멧돼지가 좋아하는데 봄철에 어린 순은 나물로 먹을 수 있지만 뿌리는 구황작물로 춘궁기의 좋은 먹거리였다. 한약명은 '훤초근(萱草根)'이라 한다. 배설을 좋게 하고 피를 멈추게 하거나 대하, 황달 등을 치료하는 약재로 쓴다.

::각시원추리

여섯 장의 노란 꽃은 개화 시기도 길고 군락을 이루고 피어서 조경용으로 많이 심는다. 원추리보다 크기가 작아서 각시원추리라고 부른다.

::좀비비추

비비추보다 크기가 작다.

약용식물원에는 200여 종의 식물들이 자라고 있다. 입구에 사상본초원(四象本草園)이란 현판이 있다. 한의학을 공부하는 사람들과 건강에 관심이 많은 사람이 식물을 이해하는데 유익한 곳이다. 사상의학은 한국 고유의 의학으로 현재 세계 여러 나라 의과대학에서 연구하고 있다고 한다.

::약모밀

약모밀은 귀화식물로 산속 습지에서 자란다. 6월경에 원줄기 끝에서 짧은 꽃줄기가 나와 노랗게 핀다. 꽃잎은 없으며 하얀 꽃받침 4장이 흰 꽃처럼 보인다. 잎 모양이 메밀과 닮고 약초로 많이 쓰여 약모밀로 불린다. 생약명은 '중약(重藥), 십약(十藥), 어성초(魚腥草)'다. 폐결핵, 기관지염, 치질, 중이염 축농증 등 세균성 질환에 탁월한 효과가 있다고 명나라 이시진(李時珍)이 쓴 『본초강목』에 기록되었다. 항균 효과와 탈모 완화에도 효과가 있어 비누와 샴푸에도 첨가된다. 동생은 샴푸를 직접 만들어 쓰는데 어성초 추출물도 넣어서 만들고 있다.

어성초(魚腥草)라고 부르는 생약명은 잎과 꽃에서 생선의 비린 향이 나기 때문이다. 향을 맡아서 느끼는 것에는 개인차가 있을 것이지

만 잎에서 비릿한 향이 강하게 느껴진다. 잎의 생즙은 모기나 벌레들에 물렸을 때 바르면 효과가 있다. 짠맛이 나는 잎은 몸 안의 나트륨을 체외 배출하는 이뇨작용에도 효과가 있다. 모세혈관 강화작용이 있어 차처럼 마시면 동맥경화 예방에 도움이 된다고 전한다. 건강에 관심 높은 사람들에게 약모밀은 대접받는 식물이다.

::삼백초

잎의 윗부분이 하얗게 변해서 꽃잎처럼 보인다. 잎, 꽃 그리고 뿌리가 백색이어서 삼백초(三白草)라 부른다. 멸종위기 야생식물 2급인 삼백초는 제주도 협재 근처의 습지에서 주로 분포해 자라는 다년초이다. 잎은 어긋나며 타원형 모양이고 가장 윗부분 잎이 삼백초 꽃이 피면 하얗게 변하는 것은 꽃에 향기가 없어서 잎이 꽃처럼 보이기 위한 것이다.

::천남성

그늘진 쪽에서 자라고 꽃모양이 코브라 형상이다. 식물 이름에 '남성'이 붙으면 독성이 있다. 천남성도 독성이 강해서 약재로 쓸 때 주의해야 한다.

향기 향수원에는 향기(香氣)가 좋거나 향수(鄕愁)를 자아내는 식물들을 심었다고 한다. 겨울철에는 납매가 꽃을 피우기 시작하여 계절마다 향기 나는 꽃들이 피고 진다.

::자귀나무

공작수술 같은 분홍꽃이 핀다. 날씨가 더워져서 자귀나무꽃도 빨리 볼 수 있었다. 꽃이 피면 장마가 시작된다지만 그 의미가 무색하게 봄 더위가 꽃을 피웠다. 자귀나무 잎은 낮에 광합성을 하려고 펼쳐있다가 밤에는 잎이 마주 보며 포개진다. 나무의 수면 활동을 보고 예전에는 금술 좋은 부부와 닮았다고 신혼집에 심기도 했다.

::촛불맨드라미

씨가 땅에 떨어져 발아가 잘되는 한해살이식물이다. 줄기 윗부분이 초를 켜둔 모양처럼 보인다. 습도가 높은 것을 싫어하기에 통풍이 잘 드는 곳에서 키워야 한다. 햇빛을 받으면 색이 선명하여 관상용으로 인기가 좋다. 시들지 않은 열정, 타오르는 사랑이란 꽃말이 있다.

촛불맨드라미

꽃댕강나무

풍접초

풀의 가치

우리 주변에서 흔히 보았던 풀꽃들도 식물원에서 볼 수 있다. 약이 되는 풀이 많다. 예부터 귀한 약재로도 쓰이는 풀이지만 농작물의 생산량에 방해된다는 이유로 잡초라 불린다. 농작물과 경쟁하듯 자라는 풀의 생명력은 농부에게 제거해야 할 대상이 된 것이다. 그러나 풀은 가뭄에도 깊게 뿌리를 내리고 물을 찾아 끌어올린다. 땅까지 올라온 물은 다른 작물에도 도움이 되고 있다. 농작물을 위해서 풀을 제거하면 땅은 척박해진다. 농사를 짓지 않고 묵정밭으로 두면 다양한 풀들이 살아가고 땅은 회복한다. 풀의 뿌리가 척박해진 땅에 숨길을 트고 그곳에 미생물들이 살 수 있게 된다.

식물원에서 자라는 풀들을 보며 다시금 풀의 가치를 생각하게 된다. 귀하지 않은 생명은 없다. 그들 덕분에 또 살아가는 생명도 있다.

::애기똥풀

초봄에 꽃이 피기 시작하여 늦여름까지 꽃을 볼 수 있어 개화 시기가 긴 야생화로 분류하는데 날이 더워서 벌써 꽃이 지고 있다. 가지나 잎

애기똥풀

붉은토끼풀

자주닭개비

참골무꽃

민들레

을 자르면 노란 액체가 나온다. 그 모양이 아기의 물똥을 닮았다 하여 애기똥풀이라는 이름이 붙여졌다. 열매의 지방분은 개미의 먹이가 되기 때문에 주변에는 개미집들이 있다.

::꿀풀

보라색 꽃이 줄기 끝에 빽빽하게 돌려 피며 꽃이 지면 갈색으로 변한다. 꽃을 따서 꿀을 먹었다 해서 꿀풀이라는 이름이 붙여졌다. 꽃말은 추억이다.

꿀풀

톱풀

개망초

토끼풀

질경이

진노랑상사화

그대가 내게 올 때는
온 생을 담아
말을 건다

잎도
뿌리도 없는
나는
대답할 수 없다

part 2
식물에게 배우는 시간

너를 보며
세계를 본다.
모든 생을 배운다.

풀 한 포기 나무 한 그루 모든 존재가 귀하다.
식물과 함께하는 시간이 나를 성장시킨다.

나무

발돋움하며 뻗어 올린 건
가지만이 아니다

잎 고운 단풍도 입어보고
목청 고운 숲새 소리에
이 세상 가장 쓸쓸한 춤도 추어보고

아득한 거리

겹겹이 쌓인 잎들
발아래가 따뜻하다

입춘

회색빛 하늘이 무겁게 걸려있는

플라타너스 잔가지에

푸른 톱날의 폭력이 지나고 있다

새들이 날아와 나의 아침을 흔들던

저 먼 끝에서 겨울이 타고 있는데

잘려나간 가지 위로

봄이 온다

덥수룩한 머리카락을 좀 잘라야겠다

라일락꽃

라일락꽃이 곱게 피었습니다

담장 너머 꽃빛
한참을 바라보았습니다
한아름 꺾어 화병에 꽂아두고 싶지만
참았습니다

가지 꺾어 화분에 심으면
뿌리가 내릴까
꽃이 필까
생각하다, 참았습니다

한송이 꺾어 책갈피에 꽂아두고 싶었지만
눈물도 흘리지 못하는 박제가 될 것 같아
참았습니다

등 뒤를 따라온 향기가 외려

가슴을 적셔서

봄 내내 꽃으로 피었습니다

매화

작년 그 매화나무 꽃망울이 피었을까
보고 싶은 마음에
산을 오릅니다
고요히 수행 중인 나무들
불청객만 같아서
나도 고요히 앉아있다 돌아왔습니다

봄눈 내리고 눈붉은 매화향
봉긋 젖멍울이 부풀었나
홀로 입덧을 하나

봄과 꽃

　코끝을 스치는 바람이 차갑지만 상쾌하다. 봄바람이다. 기온이 많이 올랐는지 멀리 공터에는 아지랑이가 피어오른다. 매화 가지는 푸른 하늘에 곱게 꽃수를 놓아 허공의 침묵을 깨우며 환하게 웃는다.
　꽃샘추위에 꽃들이 피는 것을 보면서 봄이 왔음을 안다. 양지바른 곳에 핀 노란 꽃에 눈길이 간다. 영춘화(迎春花). 한자 이름을 풀어보면 '봄맞이하는 꽃'이라는 뜻이다. 언뜻 개나리와 닮았으나 꽃피는 시기가 개나리보다는 좀 이르다. 노란빛에 마음이 설렌다. 잎보다 먼저 꽃을 피우는 매화처럼 봄이 옴을 알려주는 꽃이다.
　계곡의 얼음물이 녹고, 꽃이 피고, 싹이 돋는 이맘때를 맨 처음 봄이라 부른 이는 누구였을까. 천지사방 볼 것들로 넘치는 봄꽃들은 대부분 작고 앙증맞다. 해마다 찾아오는 봄이지만 봄꽃은 늘 새롭고 마음 설렌다. 많은 것들을 보라고 '봄'이라고 이름을 붙인 것일까. 참으로 적절한 표현이다. 물론 그 어떤 국어사전을 뒤져도 나오지 않는다. 지극히 개인적인 생각이겠지만 아마 봄은 '보다'라는 동사에서 생겨났을지 모르겠다. 꽃을 바라보며 봄이 왔음을 새삼 느끼는 것처럼 사물이든 사람이든 서로 바라볼 때라야 비로소 그 존재를 새롭게 알게 된다.

'봄-보다''보다-봄'이라고 써놓고 읽어보니, 오랫동안 보지 못하고 이제는 만날 수 없는 그리운 얼굴들이 봄꽃처럼 피어난다. 잊혀진 이름들을 불러본다. 자연의 시간에서는 피는 꽃을 보면서 겨울이 지나 새봄이 오는 것을 느끼지만, 인연의 시간에는 언제가 봄일까. 설레듯 서로를 바라보는 그 순간일까. 따뜻한 사람들과 만남은 늘 설렌다. 그런 설렘은 오래된 만남일수록 더 깊고 진한 향기의 꽃이 핀다. 살아가면서 참으로 많은 사람을 만난다. 사람이 사람을 알아가려면 수없이 많은 바라봄과 마주하는 시간이 필요하다. 어느 한 존재가 일방적으로 한 존재를 바라보는 것이 아니라 서로 마주볼 때라야 가능한 바라봄이다. 서로 얼굴을 마주 보고 눈을 마주치는 것! 이것이 진정한 인연의 시작이며 제대로 된 '봄(見)'이다. 그렇다고 모든 만남이 봄(春)처럼 활짝 꽃을 피우는 것은 아니다. 봄기운처럼 따스한 눈길로 자주 마주 보아야 마음이 활짝 열리는 것이다.

봄에는 꽃들이 활짝 핀다. 꽃샘추위를 이기고 저마다 가장 고결한 꽃을 피우는 봄꽃의 마음을 배우고 싶다. 인연의 시간에 가장 귀한 봄은 바로 '지금 여기'에 있다. 바라보고 마주 보면 나의 봄꽃들도 만발할 것이다.

꿩의밥

사진을 배우고 처음 찍은 대상이 야생화였다. 꽃을 가까이서 촬영할 수 있는 장비들을 사고 카메라의 사용법을 배우며 들뜬 마음으로 봄을 맞이했다.

얼음이 채 녹지 않은 산에서 노란색, 보라색으로 피는 꽃을 처음 만났다. 복수초와 얼레지꽃이다. 복수초는 얼음 사이에서 핀다고 하여 얼음새꽃이라고도 불렀다.

계절 따라 피는 야생화 꽃 이름을 찾아보고 또 그 꽃들을 찾아다녔다. 꽃에 반해서 사진을 담다가 겨울을 이겨낸 들풀을 보게 되었다. 꽃샘추위가 지나고 마른 잎 사이로 올라오는 새순들이 눈에 들어왔다. 꿩의밥이다. 산이나 들에서 볼 수 있는 여러해살이 식물이다. 작은 씨앗들이 맺히면 꿩들이 와서 먹기에 예부터 그렇게 불렀다.

어린순의 잔털이 햇살에 반짝인다. 초록빛 옷에 노란 모자를 쓴 것 같은 새순의 모습과 마른 잎을 사진에 담았다. 화려한 색보다 더 빛나는 풍경이다. 그들의 한 생이 또 시작되고 있었다. 지난 생을 건너온 마른 잎은 겨울바람에 쓰러지지 않고 하늘을 향해 새순들에 길을

안내해주는 것 같다. 한 잎이 또 다음 생으로 이어지는 풍경이다. 자신이 살았던 터전에서 새잎을 맞이하고 또 그 자리를 넘겨주는 것이다. 연두빛 어린 잎을 키우는 꿩의밥의 강인한 생명력이 경이로웠다.

거칠고 메마른 땅에서 어린순들을 감싸고 있는 마른 잎의 조화로운 풍경은 모성애로 다가왔다. 순간, 그날 아침 아이들에게 야단을 치고 온 나를 꾸짖고 있는 것 같았다. 묵묵히 기다려주고 지켜봐 줘야 한다고 나에게 말을 건네는 것 같았다.

돌아와 사진을 인화해서 벽에 걸어두고 바라본다. 나는 늘 조급하고 욕심이 앞섰다. 인내심을 가지고 아이들의 말을 기다려 들어주기보다 내 주장이 앞서곤 했다. 사춘기를 맞이한 아이와 갈등이 심해지는 날에는 벽에 걸린 꿩의밥 사진을 본다. 조금만 더 여유로워지자. 조금만 더 내 생각을 버리고 아이의 생각을 들어주자. 쉽지 않은 일이다. 하지만 꿩의밥을 만났던 그 순간을 떠올리며 천천히 조금씩 아이의 입장이 되어보려고 노력 중이다.

"인연과 인연이 만든 길에 꽃이 핀다."

쑥떡

　동생은 떡을 좋아한다. 이맘때가 되면 쑥떡을 사 와서 같이 먹자 한다. 떡을 먹을 때마다 입버릇처럼 "옛날에 먹던 그 맛이 아니야."라고 한다. 떡에 콩고물을 묻혀 먹으면 그 맛이 달다. 고물의 단맛과 잘 어우러지는 떡이 쑥떡이다. 쑥의 쌉쌀한 맛과 콩고물의 고소함이 어우러지면 봄 향기가 입안 가득 번지는데 예전의 '그 맛'이 아니라는 것이다. 물질적 풍요가 입맛까지도 변화시키는 모양이다.

　계절이 바뀔 때마다 동생은 유난히 병치레가 잦았다. 어릴 적 동생과 나는 봄이 다 가도록 집안에서만 놀아야 했다. 동생 돌보기는 내 몫이었기에 봄방학이 되어 친구들과 밖에서 놀고 싶어도 그럴 수 없었다. 방학 내내 우리들의 간식은 으레 쑥떡이었다. 따뜻한 아랫목에 이불을 깔고서 콩고물 듬뿍 묻힌 떡을 먹으며 가루로 범벅이 된 얼굴을 보며 깔깔 웃었던 기억들.

　어머니께서는 음력 이월 초하루에 쑥떡을 하셨다. 어머니가 쑥떡을 하신 날은 동생 손을 잡고 이웃집으로 떡 배달하러 갔다. 동생이 떡을 좋아하니 남에게 주는 것이 아까웠다. 그럴 때마다 어머니는 "나눠야

정이 생기지."라고 말씀하셨다. 어머니는 이웃과의 정을 소중히 여기셨다. 이월에 떡을 해서 나눠 먹는 것은 어머니만의 봄맞이였다.

이월에 쑥떡을 해 먹는 풍습은 영남지방이나 바닷가 지방에서 예부터 전해져 내려오는 풍습이다. 해안지방에는 이월을 '영등할미달', '바람달'이라고도 부른다. 음력 이월 첫째날을 부르는 이름은 실로 다양하다. '머슴날, 농군의날(農軍), 바람님오는날과가는날(풍신날), 바람이불면안되는날, 영동할머니날, 영등할머니제삿날, 이월밥해먹는날, 이월할매먹는날' 등 농사와 바람에 관련된 이름이 주를 이룬다. 바람을 관장하는 신을 할머니로 호칭했으니 초하루에 쑥떡을 해 먹는 것은 할머니에게도 좋은 떡이라고 생각한 마음이 담겼는지도 모르겠다.

단군신화에도 곰은 쑥과 마늘을 먹고 여자가 되었다 하니 쑥은 분명 여자에게 좋은 음식이다. 혈액순환을 도와주고 피를 맑게 하고 자궁을 따뜻하게 하여 여자에게 좋은 효능이 있다 한다. 농사를 기원하는 마음과 쑥의 좋은 효능을 생각해보면 선조들의 생활 속의 지혜로움이 엿보인다.

이월에 떡을 할 때 쓰는 쑥은 말린 쑥이다. 쑥은 날씨가 더워지면 독성이 생기기에 이른 봄부터 단오까지만 채취한다. 쑥은 응달에서 자란 햇잎이 부드럽고 향도 좋다. 채취한 쑥들은 데쳐서 바람이 서늘한 곳에서 말려야 한다. 곰팡이가 피지 않게 바람이 잘 통하는 곳이 좋다. 잎이 여린 쑥은 살짝 데쳐서 냉동시켰다가 필요에 따라 음식에 넣어 먹어도 된다. 쑥은 얼려도 향이나 식감이 크게 변하지 않으니 제철일 때 넉넉하게 갈무리해두면 좋다.

　꽃샘추위 속에 조금씩 봄기운이 퍼지면 마른 잔디 밑이나 양지쪽 가시덤불 아래에서 제일 먼저 볼 수 있는 것이 쑥이다. 겨우내 혹한을 이기고 초봄의 햇살 아래 막 연한 촉을 내미는 쑥. 참으로 귀한 풀이다. 돈의 가치로 셈할 수 없는 것 중의 하나다. 우리 몸을 보(補)하게 해주는 자연이 주는 선물이다.

　창에 스미는 햇살에 봄 냄새가 난다. 밭에는 곧 애쑥이 올라올 것이다. 음식을 제철에 먹는 것은 더없이 좋다. 쑥은 약으로써의 효능도 뛰어나니 자연이 주는 보약이다. 애쑥을 넣어 끓인 쑥 된장국의 쌉싸름한 맛은 겨울 동안 잃어버린 입맛도 찾아 줄 것이다. 올봄에는 쑥을 캐서 떡을 해 먹어야겠다. 봄 햇볕이 좀 따스해지면 동생과 쑥을 캐러 가야겠다. 등이 뜨뜻해지도록 쑥을 캐다 보면 바구니 가득 또 새로운 추억이 담기겠지. 겨울 찬바람처럼 움츠러들었던 마음에도 자주 만나고 부대끼다 보면 애쑥같이 파릇한 정이 돋을 것만 같다. 애쑥에 쌀가루를 살짝 버무려 된장을 넣고 보글보글 된장국을 끓이고 쫀득하고 찰진 쑥떡을 내어 둘만의 시간을 만들어야겠다. 어느새 마음이 쑥밭에 나가 연한 쑥을 뜯는다.

청포도

내가 처음 청포도를 먹었던 것은 열 살 무렵 여름방학 8월이었다. 아버지가 뒷마당에서 포도를 따서 입어 넣어주셨다. 그날의 새콤달콤한 추억들이 주렁주렁 맺힌다. 요즈음에는 6월 하순이면 노지에서 수확한 포도를 먹을 수 있다. 소득을 높이기 위해 재배 방법의 변화도 있겠지만 연평균 온도가 오르고 수확 시기도 그만큼 빨라졌기 때문이다.

7월 포항 날씨의 평균기온이 올랐다는 것은 1939년 8월에 발표한 이육사 시인의 시 「청포도」에서 살펴볼 수 있다. "내 고장 칠월은/ 청포도가 익어가는 시절// 이 마을 전설이 주저리주저리 열리고…." 시에서는 7월에 청포도가 익어간다. 시인이 시를 쓴 배경의 포도밭은 포항 남구 일월동이다. 시인의 고향은 안동이다. 하지만 시인은 결핵 요양차 포항의 송도원에 머물렀다. 그때 일월동에 있는 포도밭을 구경하고 시상을 떠올려 시를 썼다고 한다. 일제의 암울한 시대에 밝은 내일의 기다림과 염원을 시에 담았다. 애국정신의 숭고함을 기억하고자 포항에는 청포도 시비가 세 군데 있다. 호미곶에 있는 시비 앞에서 시를 읊조리며 푸른 바다가 보이는 일월동 옛 포도밭에서 시를 쓰는 시인의 모습을 상상해본다.

　청포도를 입에 넣었을 때 느껴지는 단맛과 신맛의 조화로움이 미각을 자극한다. 상큼하고 싱그러운 맛이 입안 가득 번지면 어린 시절의 추억들이 알알이 맺힌다. 풋풋한 날의 기억. 아버지는 술을 좋아하셨고 은방울 자매의 노래를 즐겨 들으셨다. 그래서 어머니는 포도가 나는 계절이 되면 늘 포도주를 담그셨다. 어릴 적 발효된 포도를 먹고 취했던 기억이 떠오를 때면 빙긋이 웃음이 나온다. 마루 끝에 누워 아버지가 듣고 계시는 노래를 따라 흥얼거렸다. "사랑이 많다 해도 첫사랑만 못해요. 첫사랑에 취한 맛 달콤한 포항 포도주" 은방울 자매의 '첫사랑에 취한 맛' 노랫가락에 흘러나오는 포도주는 어떤 맛이었을까? 씨와 껍질을 넣지 않고 청포도즙만을 숙성해서 만들면 상큼하고 향긋한 백포도주가 된다. 수입 백포도주를 마시며 지금은 사라진 일월동 청포도밭의 포도 맛이 궁금해진다.

　도시가 개발되면서 많은 것들이 사라졌다. 포도밭도 그중 하나일 것이다. 해방 이후 포항에서 생산된 포도주는 국내외에 알려졌고 국내 최초 수출 기념 음반까지 내었다고 한다. 개인적으로 포도주를 좋아하다 보니 국내에서 생산되고 있는 포도주에 관해서도 공부를 했다. 한국적인 독특한 맛이 있었다. 같은 품종의 포도로 만들어도 술맛은 지역마다 다르다. 술맛은 포도가 생산되는 토양, 기후와 밀접한 관계가 있다. 독특한 향과 맛은 그 지역의 대표 음식과 잘 어울린다. 생선요리와 잘 어울리는 포도주를 먹었을 때 그 지역이 수천 년 전 바다였다는 이야기를 듣기도 했다. 포항에서 생산된 청포도 술맛은 어땠을까? 바다 향이 담긴 청포도 포도주는 생선회와 맛이 꽤 잘 어울렸을 것이다.

아버지는 생선회를 무척 좋아하셨다. 회를 드실 때는 어머니가 담근 포도주와 함께 드셨다. 아버지와 술 한 잔 마시며 이야기하고 싶다. 하지만 이제는 이 땅에 안 계시니 더욱 그리울 뿐이다. 언제 다시 만날 수 있으려나. 함께했던 바닷가의 추억들이 푸르게 일렁인다. 어린 시절 청포도 넝쿨 같은 날들이 그립다.

겨울, 이팝나무에게 말을 걸다

 이팝나무에 꽃이 피는 오월이면, 홍해 향교산은 마치 폭설이 내린 듯 온산이 환해진다. 파르스름한 빛을 살짝 띤 꽃숭어리를 달고 군락지를 이룬 모양새가 함박눈이 쌓인 듯하다.

 꽃 이름은 여름이 시작되는 '입하(立夏)에 꽃이 피기에 입하목이라 부른 것에서 유래되었다.'라고도 하고 '꽃이 핀 모양이 이밥(쌀밥)을 담아놓은 듯하다.' 하여 붙여졌다고도 한다. 입하는 양력으로 오월 초순이고 음력으로는 사월에 들어가는 24절기 중 일곱 번째 절기이다. 바람은 서늘하고 햇살은 보리 익기에 좋을 만큼 따뜻한 시기이다. 곡식들을 저장해놓은 뒤주가 바닥을 드러내는 보릿고개 무렵, 그 시기에 피는 꽃이 이팝이다. 꽃잎이 마치 이밥(쌀밥)처럼 보인다. 이팝이라는 이름에는 절망 끝에서 희망을 노래하는 사람들의 간절한 소망이 담긴 것 같다. 보리가 익을 무렵 논농사가 시작된다. 허기진 배를 달래가며 모를 심다가 아픈 허리를 펴면, 하얗게 핀 이팝나무 꽃에 허기짐이 더해졌을 것이다. 열심히 일하면 하얀 쌀밥을 배불리 먹을 수 있을 거라는 서러운 꿈. "올해는 농사가 대풍이 들것네." 꽃을 보며 한해

농사를 점치곤 했으리라.

　내가 이팝나무를 처음 알게 된 것은 열한 살쯤 가을이다. 삼척을 떠나 홍해로 이사를 하게 되었다. 친하게 지내던 친구들과도 헤어졌다. 친구를 만날 수 없다는 슬픔보다 더 무서운 것은 대문 밖에 떡하니 서 있는 키 큰 나무였다. 엄마는 마당이 있는 집이라 꽃이며 채소를 키울 수 있다고 좋아하셨지만 나는 마당에 나가는 것이 두려웠다. 산 아래 집이 있으니 큰 나무들이 나를 내려다보다 집안까지 따라오는 것 같았다. 야단을 맞아가며 다닌 등하굣길, 나무 근처를 오갈 때는 땅만 보고 다녔다. 그렇게 그해 겨울방학이 될 때까지 나는 제대로 하늘을 올려다보지 못했다. 그런 내 마음을 아셨을까? 아버지는 산에 놀러 가자고 하셨다. 무서워서 싫다고 했지만 내 손을 꼭 잡아주셨다. 산으로 향하는 길에는 계단이 있다. 이사하고 처음으로 아버지 손을 잡고 함께 계단을 올라가 보았다. 어렵게 내디딘 걸음이었지만 계단을 다 오르고 나니 우리 집 마당도 보이고 무섭게 보였던 나무들도 보였다. 아버지는 나무와 친해지는 방법을 알려주셨다. 쭈뼛쭈뼛 손을 내밀어 나무와 수인사를 나누던 그날, 처음으로 나무의 이름이 이팝이라는 걸 알았다. 그 후 몇 번을 더 아버지가 나를 산에 데려가 주셨고 그렇게 나는 나무와 친해질 수 있었다.

　그때부터 이팝나무는 희망의 나무였다. 친구가 없었던 나에게 친구가 되어주었고, 속상한 일로 찾아가면 등을 내어주곤 했다. 겨울 이팝나무에 하얗게 함박눈 꽃이 핀 것을 처음 본 것은 아버지가 산에 가신

후 영원히 집으로 돌아오지 않은 해였다. 눈 구경이 힘든 이곳에 그해는 몇 번의 폭설이 내렸다. 그 후, 눈도, 꽃도, 나무도 다 보기 싫어졌다. 꽃이 피는 봄날도, 눈 내리는 겨울 숲도 모두 모두 잊고 싶었는지 모른다. 이팝나무 아래서 얼마나 서럽게 울었던지. 그 후로 나는 이팝나무의 소식이 궁금하지 않았다.

몇 년이 지나 다시 찾아간 겨울 숲, 이팝나무 아래에 서니 꼬마 아이가 그곳에 있다. 나무 밑동에 앉아 하늘을 올려다본다. 뉘엿뉘엿 해가 지고 있다. 어릴 적, 그때도 아버지 손을 잡고 나무에 기대어, 지는 해를 본 적이 있다. 칼바람이 부는 날이었지만 손을 잡고 나무에 기대었을 때 등이 따뜻했던 기억은 잊을 수 없다. 등을 기대고 나지막이 나무에게 말을 걸어본다.

이팝나무 삭정이처럼 떨어져 나가는 기억들. 기억들을 고봉밥처럼 담아 허기를 채우고 싶다고.

part 3
나무의 안부

나무의 안부

주공아파트 재개발 현수막이 걸렸다.

'이주가 늦어지면 사업이 지연되므로, 이주 기간 내에 이주할 수 있도록 적극 협조' 라는, 이사를 권유하는 내용이 적혀 있었다. 걱정이 앞섰다. 주민들이 떠나가고 재개발이 시작되면 저곳에서 살아가는 나무들은 어떻게 될까. 아파트가 준공될 때 심어져 뿌리를 내리고 잎을 내고, 꽃을 피우며 폭풍우와 눈보라를 이기며 살아온 나무들은 어떻게 이주할 수 있을까.

개발은 나무의 터전을 바꾸기도 하지만 시공간의 풍경도 바꾸어버린다. 횅하다. 창포사거리의 풍경이 바뀌었다. 아파트 주변의 나무들이 모두 사라졌다. 울타리로 이용된 나무들과 화단에 정원수로 심어졌던 나무들이 한 그루도 남지 않고 베어졌다. 옮겨 심을 시간도 충분히 있었는데 베어버리는 것만이 능사였나. 시공간의 주인은 누구인가. 환경보전은 고려하지 않고 사업성의 유불리만 따지는 아파트 재개발 업자의 것인가. 이주 기간 내에 이주할 수 있도록 적극적으로 협조하지 않았다는 이유의 형벌치곤 너무 가혹하다.

건축법에는 대지의 조경에 관한 법령이 있다. 건축물을 신축하고 사용승인을 허가받는 절차에 조경에 관한 법령을 정해 놓은 것이다. 건물 사용승인 절차에 나무를 심어야 하는 조건이 있었다면 건물을 철거할 때도 나무를 옮겨야 하는 조항을 적용해야 하지 않는가? 준공 후 조경에 대한 관리는 제대로 이뤄지지 않는다. 뿌리를 내리고 살아내는 것은 나무의 몫이라지만 자연과 더불어 살아온 우리가 나무에게 주는 보답치곤 너무나 잔인하다.

아파트를 짓고 자연과 친화적인 삶을 추구하기 위해 나무를 심었는데 재개발을 할 때는 누구의 이익을 생각한 것인가? 벌목된 나무들이 다른 용도로 쓰인다고 하겠지만 옮겨 심는 것이 법으로 정해졌다면 이렇게 무참하게 베어냈을까. 나무를 옮겨 심는 것보다 베어 버리는 선택, 이 터에서 살았던 나무들의 시간을 경제 논리로 계산했다니. 인간의 이기심으로 합리화된 손익계산 방법이다. 재개발이 시작되면 딱지꾼들은 웃돈을 얹어 계산기를 두드릴 것이지만 이곳에 뿌리내리고 살아왔던 나무들은 무슨 죄란 말인가.

이주가 끝난 콘크리트 건물에 자연친화적 아파트를 짓는다는 광고 현수막이 걸렸다. 자연과 더불어 살아가는 아파트를 지어 팔겠다며 나무를 베어낸 자리에 다시 나무가 심어질 것이다.

우리는 태어나면서 자연과 함께, 아니 덕분에 살아가고 있다.

나의 삶은 자연의 생명에 연결되어 존재한다는 것을 깨닫는 순간,

무감각한 나를 발견한다.

너무도 당연하게,

이기적 시각으로 자연의 모든 존재를 대하며 살아가고 있다.

현재를 살아가는 우리는 나무가 울창한 산을 없애고

그곳에 집을 짓고 다시 자연 친화적인 삶을 추구하며 나무를 심고 있다.

내 주변에 뿌리를 내리고 살아가는 나무, 풀, 꽃들을 바라본다.

감각의 시선을 깨우며 그들의 삶과 마주한다.

사람들이 떠난
재개발 지역의 식물들은
자신들의 삶의 방식으로 살아가고 있다.
생명을 바라보는 닫혔던 마음을 열어
조화롭게 존재하는 주변의 식물들을 바라본다.
그들의 삶이 경이롭고 귀하게 다가온다.

연두가 초록으로 건너간다

날마다 새롭다

푸르게

오늘을 살고 있다

인간만이 경계를 짓고

내일을 이야기 한다

공탁완료가 되어 조속한 이주를 해달라는 현수막이 다시 걸렸다.
우리는 자연을 이용하고 소비하는데 중심이 된 삶을 살고 있다.

자연에 감사하며 비인간 생명체를 바라봤다면
우리의 자세는 어떠했을까?

나무가 터를 잡고 살아가는 시공간은 나무의 것이다.
나무 목(木) 한자를 자세히 들여다보면
팔을 벌리고 모든 것을 품고 서 있는 모양이다.

너도 살고 나도 살았던 그곳,
떠날 이유가 그들에겐 없다.

에필로그

봄날, 갑자기 더워진 날씨에 기청산식물원에서 만났던 식물들의 안부가 궁금해서 '식물주민등록증'을 시작했다. 식물이야기를 들려주신 기청산식물원 이삼우 원장님께 깊이 감사드리며 나의 짧은 언어로 식물이 들려주는 이야기를 다 전하지 못해서 부끄러울 뿐이다.

part 1 식물의 안부는 연평균 기온이 높아지고 있는 요즘 날씨에 지역의 식물원에서 살아가는 그들의 삶을 보고 싶었고, part 2 식물에게 배우는 시간은 그동안 식물과 교감하며 메모한 글이고 part 3 나무의 안부는 사진 작업을 하면서 무엇을 말하고 싶은가에 대한 나의 질문의 순간들이다. 기청산식물원의 아름다운 생태를 소개하고 싶었지만 더워진 날씨에 그들의 삶에도 변화가 일어나고 있음을 바라보았다. 식물들을 바라보며 조건 없는 자연의 혜택을 누리고 살아간다는 사실을 망각한 채 살아가는 나의 삶도 돌아본다. 재개발이 예정된 공간에서 살아가는 식물들을 보면서 인간의 삶과 자연의 삶을 들여다보며 비인간 생명에게 너무도 가혹한 우리들의 모습을 반성해본다. 자연에 대한 신성함을 가지고 개발이 된다면 과연 우리의 자세는 어떠할까? 자연을 이용하고 소비하는데 중심이 된 삶의 방식은 식물들을 보호하고 함께 살아가야 하며 그래야 나도, 우리도 살 수 있다는 것을 느끼며 전하고 싶었다. 하지만 식물들이 들려주는 이야기를 듣고 받아쓰고 싶었으나 여전히 풍경만 본 것 같다. 사진을 찍는 일은 즐겁다. 하지만 '식물주민등록증'을 하면서 슬펐고 무섭고 두려웠다. 식물의 이름표는 있지만, 그들의 흔적을 찾을 수 없는 곳도 있었다. 또 지역에서 살아가는 식물들을 보고 연평균 기온이 높아졌음을 새삼 느꼈다. 아열대 식물원의 푸르름에 반하기도 했지만, 결론은 '무서움'이었다.

아열대 식물들을 만나고 지역에서 생산되는 먹거리의 변화를 취재하다 기후변화, 기후위기라는 말이 먼 미래의 이야기가 아니라 나에게 일어날 수 있는 현실로 마주했다. 시설재배를 하는 농가의 전기시설이 고장 나서 한라봉 나무들이 다 말라버린, 아니 모조리 타버려서 검은 모습으로 유령처럼 서 있는 나무의 끔찍한 주검을 보았다. 하우스 안의 실내온도가 올라가면 천정이 자동으로 열리고 수분도 공급되어야 하는데 전기시설이 고장 나서 모든 것이 멈춰버렸다. 한낮에 하우스 안 온도는 50도가 넘는다고 한다. 그 열기에 나무들은 그대로 타버린 것이다.

재앙에 가까운 농장 상황으로 인하여 황망하였을 건데 사진을 찍으러 온 내게 농장 문을 열어 주신 인심 좋은 농장주님께 다시 한번 머리 숙여 감사드린다. "이런 거 찍어서 어디 쓸라고요" 하시며 이웃 농장을 소개해준다고 하셨지만 사양하고 돌아왔다.

며칠을 몹시 앓았다. 아마도 기후학자들이 예측하는 지구 온도의 상승과 위기가 바로 이런 상황이 아닐까. 온실효과의 예측이 현실이 된다면 나도 저 한라봉 나무와 같은 상황이 된다고 생각하니 무서웠다. 기후상승이 계속 진행된다면 내가 예측할 수 없는 미래의 인류 모습이 저런 모습이 아닐까 생각하니 마음이 무거워졌다. 산업혁명 이후 급속한 발전은 온실가스의 배출량과 비례한다. 내가 누리는 편리함과 풍요로움이 대기 온도를 높이고 있는 것이었다. '식물주민등록증'을 마무리하면서 나는 무엇을 보고 무엇을 말하고 싶은가, 그저 아름다운 모습만 보고 살고 싶었던 내가 아닐까 돌아본다.

예년보다 더 더워진 봄날, 몇 해 전 찍었던 꽃 사진을 보다가 내가 만났던 식물들의 안부가 궁금해서 시작한 '식물주민등록증'. 그들의 이름을 불러주고 기억하고 싶었던 즐거움이 고통으로 변했다. 저들의 생에 감사한 마음과 고마움을 느끼지 못하고 살았던 시간이 부끄러웠다. 그럼에도 불구하고 부족한 글과 사진을 정리하였다. 더운 날씨에 병마와 싸우고 있는 식물들을 사진에 담았지만, 책에는 싣지 않았다. 그들의 빛난 모습이 사라질 수 있다고 생각하니 지켜야 할 소중한 순간으로 다가왔다. 그 모습을 기억하며 소중한 것들을 지켜야 할 나의 삶을 반성해본다. 지금부터라도 내가 할 수 있는 일을 찾아보려고 한다. 아파트 재활용 분리수거함에 매일 매일 쌓이는 것들을 본다. 내가 버리는 쓰레기도 조금씩 더 줄여야겠다고 생각한다. 나부터라도 관심을 가지고 시작하며 작은 것부터 실천할 수 있는 일들을 찾아 고민한다.

전 세계적으로 기후위기 대응책이 나오고 있다. 절망보다 희망이다. 지금 이 순간, 어떤 생명이 또 사라지고 살아갈지 예측할 수 없다. 생태계 교란은 결국 인간의 삶에도 더 큰 영향을 미칠 것이다. 코로나 팬더믹을 겪으며 전 세계가 두려움과 공포에 휩싸였던 것을 경험했다. 어느 날, 갑자기, 지금까지 경험하지 못했던 바이러스로 인해 개인과 사회, 모두가 단절되는 삶이었다. 몇 년이 지난 지금도 새로운 변이 바이러스가 나타나고 여전히 불안한 환경에서 살고 있다. 사람 간의 접촉이 두려워 거리 두기를 할 때 숲과 바다는 큰 위안이 되었다. '나무의 안부 3' 사진을 담으며 사람들이 떠난 자리에서 자신의 생을 살아가는 자연을 보았다. 자연을 지키지 못하고 이용하며 살아가는 나의 삶도, 우리의 삶도 생각해보았다.

식물은 모든 생명의 근원이다.
식물과 함께 살아가는, 아니 덕분에 살아 있는 나를 본다.
흙에 뿌리를 내리고 살아가는 모든 식물에 감사하며 기억한다.

〈참고자료〉

- 『한국 식물 생태보감2 풀밭에 사는 식물』 김종원, 자연과 생태 , 2018년
- 『한국 식물 생태보감1 주변에서 늘 만나는 식물』 김종원, 자연과 생태 , 2016년
- 『동주필사』 윤동주, 도어즈, 2019 p214
- 『꽃의세계』 최우일, 단국대학교출판부, 2020년
- 『봄에 핀 풀꽃도감』 정연옥,박선주,박노복, 가남누리, 2016년
- 『우리꽃 참 좋을씨고』 기청산식물원 부설 한국생태조경연구소 ,얼과알, 2001
- 『한국의 염생식물』 김은규, 자연과 생태 2013년
- 『생명을 보는 눈』 조병범, 자연과 생태 2022년
- 『한 촌부가 본 얄궂은 세상사 2』 이삼우, 디자인참인쇄 2012
- 포항시청 https://www.pohang.go.kr/
- 기청산식물원 https://key-chungsan.co.kr/
- 산림청https://www.forest.go.kr/
- 통계청https://kostat.go.kr/ansk/
- 국립생태원 https://www.nie.re.kr/
- 기상청기후정보포털 http://www.climate.go.kr/
- 국립원예특작과학원 https://www.nihhs.go.kr/usr/main/mainPage.do
- 농촌진흥청 https://www.rda.go.kr/
- 농사로 https://www.nongsaro.go.kr/

김주영 포토에세이
식물주민등록증

2024년 10월 10일 초판 1쇄 발행

지은이 김주영
펴낸이 윤영진
펴낸곳 도서출판 심지
등록 제 2003-000014호
주소 34570 대전광역시 동구 대전천북로 12
전화 042 635 9942
팩스 042 635 9941
전자우편 simji42@hanmail.net
ⓒ김주영 2024
ISBN 978-89-6627-258-7 03810

* 저자와의 협의에 의해 인지를 생략합니다.
* 이 책 내용의 전부 또는 일부를 재사용하려면 저자와 심지 양측의
  동의를 받아야 합니다.
* 이 책은 2024 문화도시 조성사업의 일환으로 사업비를 지원 받았습니다.